하늘을 올려다볼 수 있게 해 준 우리 가족에게,
내 인생의 별이자 현실이 된 나의 신화
이리스에게 이 책을 바칩니다.

_카를로스 파소스

*일러두기: 밑줄이 있는 낱말의 뜻은 70-71쪽을 참고하세요.

별과 우주

신화로 배우는 재미있는 초등 과학 ❶

카를로스 파소스 지음 | 최하늘 옮김

타임주니어
TIMEJUNIOR

차례

별과 신화 ……. 8

태양 10

수성 12

금성 14

지구 16
└ 달 ┘

화성 20
 포보스 ┘
 데이모스 ┘

소행성대 24
 세레스(왜행성)
 팔라스(소행성)
 베스타(소행성)
 주노(소행성)

목성 30
└ 이오
└ 가니메데
└ 유로파
└ 칼리스토

토성

타이탄
디오네
테티스
레아
이아페투스
미마스
엔셀라두스

34

천왕성

티타니아
오베론
미란다
아리엘
움브리엘

42

해왕성

트리톤
프로테우스

핼리 혜성

48

카이퍼 벨트

명왕성
└ 카론
에리스
└ 디스노미아
마케마케
하우메아
└ 나마카
└ 히이아카
오우무아무아

오르트 구름

54-66

별과 신화

아주 먼 옛날, 역사를 기록할 글자도 아직 없었던 까마득한 옛날부터, 하늘은 별로 가득 차 있었어요. 마을도 도시도 없었고, 어둠을 밝히는 조명도 없던 시대였지요. 그때 살던 최초의 인류는 머리 위에서 반짝이는 점들을 보며 무엇인지 궁금해했어요.

세상의 이치를 찾아 헤매던 현자들은 이 반짝이들을 비롯해 주변의 온갖 존재들을 설명하고 싶어 했어요. 신화는 그런 현자들의 이야기에서 탄생했어요. 신도, 괴물도, 영웅도, 환상 속의 존재도 그렇게 태어났어요. 모두 상상력의 힘이었지요.

사람들은 멋진 이야기를 들으면서 자연의 놀라운 능력을 알아 갔어요. 이윽고 따뜻함으로 세상에 생명력을 불어넣는 태양이나, 깜깜한 어둠을 밝혀 주는 달을 숭배하게 되었지요. 별들을 생명력 있는 존재로 여기며 떠받들기도 했어요.

이제 우리는 알아요. 하늘 저 너머에는 태양계가 있지요. 태양 주위를 도는 행성들, 그 행성 주위를 도는 위성들, 또 다른 별들도 아주 많아요. 그중 오늘날 우리가 부르는 많은 별들의 이름이 오래된 신화와 전설에서 유래했답니다. 그 옛이야기들은 당시 사람들이 별을 어떻게 생각했는지 알려 주지요.

태양

그리스 신화: 아폴론(포이보스)

로마 신화: 아폴로

태양계의 중심

태양은 우리은하의 별들 중에서는 중간 크기 별이고, **태양계에서는 가장 큰 별**이에요.

태양 주위를 도는 행성이나 위성들처럼, 항성인 태양도 우주를 떠돌던 분자 구름에서 탄생했어요. 어마어마하게 큰 분자 구름이 중력에 짓눌렸고, **구름의 중심은 거대한 수소 덩어리가 되었지요**. 수소 덩어리 안쪽은 에너지를 뿜으면서 번쩍번쩍 빛났고 활활 불탔어요. 이때부터 태양은 쭉 빛나고 있어요. 언젠가는 이 태양 빛도 꺼질 테지만요. 하지만 걱정 말아요! 그날이 오려면 아직 수십억 년이나 남았으니까요!

태양은 무적?!

오래 전부터 태양을 신으로 여기는 문화가 있었어요. 고대 그리스 사람들은 태양의 신에게 '아폴론'이나 '포이보스'라는 이름을 붙였고, 고대 로마 사람들은 라틴어로 '솔 인빅투스 *Sol Invictus*'라고 불렀지요. 무적 태양이라는 뜻이랍니다. 왜 무적이냐고요? 태양은 모든 어둠을 물리치니까요. 태양이 떠 있는 동안에는 어둠이 스르르 사라지고 주변이 온통 환해지잖아요.

아무리 무적이라 해도, 오늘날 우리는 태양이 신이라거나 신비로운 힘을 발휘하는 존재라고 생각하지는 않아요. 태양도 우주에 있는 수많은 별들 가운데 하나예요.

수성

그리스 신화: 헤르메스

로마 신화: 메르쿠리우스

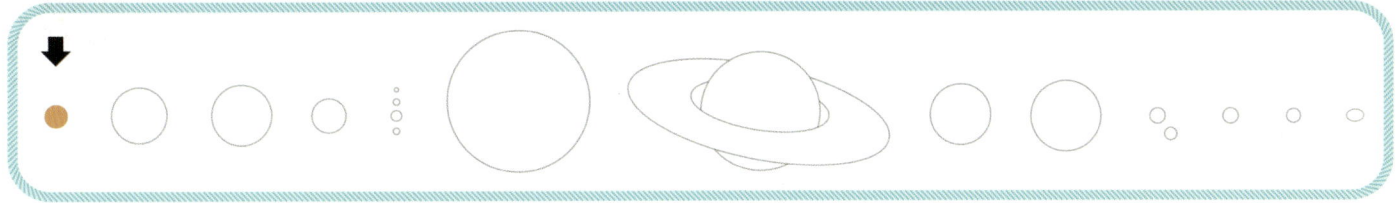

태양계에서 가장 작은 행성

　수성은 태양계의 행성 가운데 **가장 작고**, 태양과의 거리가 **가장 가까워요**. 수성에는 공기가 없고 온통 바위뿐이지요. **내부에는 거대한 금속 핵을 감추고 있어요**. 지구에서 보이는 쪽은 펄펄 끓을 정도로 뜨거운데, 반대쪽은 밤이라 꽁꽁 얼어 있어요!

　수성에는 몇 가지 신기한 점이 있는데, 그중 한 가지를 꼽자면 종종 해가 두 번 뜬다는 거예요! 만약 때를 맞춰 수성에 간다면, 태양이 지평선 위로 올라왔다가 갑자기 생각이라도 바꾼 듯이 다시 들어가는 모습을 볼 수 있을 거예요. 그러다가 조금 있으면 다시 나온답니다!

신들의 뜻을 전하는 전령

　수성은 맨눈으로 볼 수 있어요. 태양계에 이렇게 맨눈으로 볼 수 있는 행성이 다섯 개 있는데, 수성은 **동트기 전이나 해가 진 직후에** 보여요. 고대 사람들은 하늘에 떠 있는 반짝이는 물체들 중에 수성이 유난히 빠르고 어지럽게 움직인다고 생각했어요. 그래서 수성을 재빠르고 꾀가 많은 신, 심지어는 악동으로도 여겼지요.

　수성의 영어 이름은 '머큐리Mercury'예요. 로마 신화에서 '메르쿠리우스'라고 부르는 신에게서 따온 이름이지요. 그리스 신화에서는 신들의 뜻을 전하는 전령, '헤르메스'라고 해요. 악동 아니랄까 봐 태어나자마자 형인 아폴론의 소 떼를 훔쳤는데, 결국에는 화해하고 소 떼를 받을 만큼 친해져요. 그래서 가축 무리의 신, 번영의 신이라고도 알려져 있어요.

금성

그리스 신화: 아프로디테

로마 신화: 베누스*

*영어 이름 '비너스Venus'가 널리 알려져 있어요.

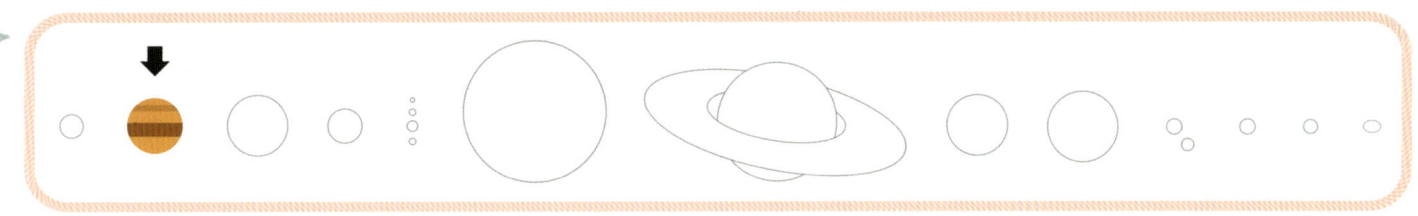

가장 뜨거운 행성

금성은 태양에서 두 번째로 가까운 행성이에요. 태양계의 행성 중에서 가장 뜨겁게 불타오르고 있어요. 천천히 자전하는데, 나머지 행성들과 반대로 돌아요. 금성의 자전 주기는 243일이고 공전 주기는 225일이에요. 지구의 하루는 자전 주기, 1년은 공전 주기로 따지는데, 이 기준대로라면 **금성에서는 하루가 1년보다 긴 셈이랍니다.** 신기하지요?

금성의 크기는 지구와 비슷하고, 온통 바위투성이에 바다가 없어요. 금성의 짙은 대기는 태양열을 가두어 놓지요. 이게 무슨 뜻이냐고요? 금성이 오븐처럼 뜨겁고, 밤이나 낮이나 차가워지는 법이 없다는 이야기예요. **어찌나 뜨거운지 납도 녹아 버릴 정도랍니다!** 금성에서 생기는 구름은 황산을 품고 있는데, 위험한 물질이라서 피하는 게 좋아요. 아무래도 방학 때 놀러 갈 만한 곳은 아닌 것 같네요.

사랑의 여신

금성은 수성과 마찬가지로 동틀 녘이나 해가 진 직후에 맨눈으로 볼 수 있어요. **태양과 달을 제외하고 하늘에서 가장 밝은 천체**여서 아름답게 빛나는 데다가, 금성이 뜰 때 하늘빛도 예쁘지요. 그래서 로마인들은 금성을 '베누스'라 부르며 아름다움의 여신이자 사랑의 여신으로 여겼어요. 그리스인들은 같은 여신을 '아프로디테'라고 불렀고요.

몇 가지 탄생 설화가 있는데, 이 책에서 나중에 등장하는 '디오네'와 '제우스'의 딸이라는 이야기도 있고, 바다 거품에서 태어났다는 이야기도 있어요. 어떤 이야기이든, 아프로디테가 눈부시게 아름다워서 신들도 인간들도 사랑에 빠졌다는 내용은 꼭 등장해요. 많고 많은 예술가들이 아름다움에 영감을 받아, 아프로디테의 매력을 작품에 담아내려고 했지요.

지구

그리스 신화: 가이아

로마 신화: 텔루스(테라)

우리의 집

우리가 사는 지구는 참 특별해요. 유일하게 생명이 살 수 있는 곳이지요. 지구에는 숨쉬기에 충분한 공기가 있고, **물이 고체 상태로도, 액체나 기체 상태로도 있어요.** 게다가 비가 내리고, 강과 바다가 흐르기 때문에 물이 어디로든 갈 수 있어요. 물이 흐른다는 사실이 우리에게는 아주 당연해 보이지만, 태양계 어디에도 이런 환경은 없답니다. 적어도 물이 흐르고 생명이 존재하는 곳은 아직까지 발견되지 않았어요.

특별한 점이 또 있어요. **지구의 자기장은 우리를 둘러싸고 보호해 주지요.** 눈에 보이지 않는 이 방패막이 없었다면 태양풍이 오래 전에 대기를 없애 버렸을 거예요. 그러면 공기가 없으니까 생명이 살 수도 없겠지요. 자기장이 있어서 다행이네요!

하하! 나는 보호받고 있지!

어머니 지구

고대 로마에서는 지구라는 땅을 어머니 같은 존재로 생각하며 '텔루스' 또는 '테라' 여신이라고 여겼어요. 고대 그리스에서는 같은 대지의 여신을 '가이아'라는 이름으로 불렀고요. **지진이 일어나면 여신이 노했다며 용서를 빌었어요!** 또한 가이아를 결혼을 축복하는 여신, 중요한 약속과 맹세의 증인이라고도 믿었답니다.

지구의 위성

달

그리스 신화: 셀레네, 아르테미스

로마 신화: 루나, 디아나

오랜 친구

달은 거의 처음부터 지구의 친구였어요. 수십억 년 전에 '테이아'라는 조그만 행성이 지구와 부딪치면서 달이 탄생했다고 해요. 충돌하며 떨어져 나온 물질에서 달이 만들어졌다는 거예요.

지금도 달은 지구에서 가장 가까운 천체이지만, 처음에는 지구와 달의 거리가 지금보다 더 가까웠어요. 당시에 하늘을 올려다볼 사람이 있었다면 달이 엄청 크게 보였을 거예요! 그 이후로 달은 **우리와 조금씩 멀어지고 있는데**, 이제는 해마다 몇 센티미터 정도 멀어지고 있어요.

테이아 충돌!

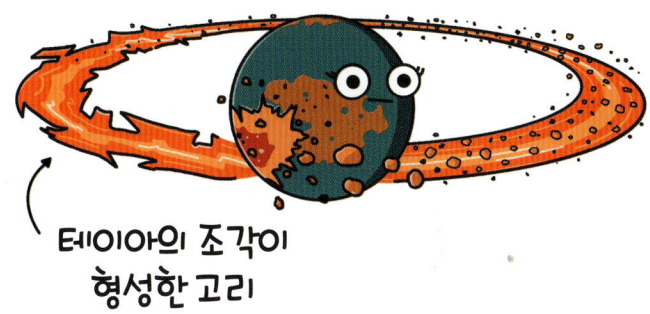
지구는 열 식히는 중…
테이아의 조각이 형성한 고리

달의 여신

태양과 마찬가지로, 고대에는 많은 사람들이 달을 숭배했어요. 방식은 저마다 달랐는데, 처음에는 자연의 힘으로 여기다가 나중에는 여신으로 떠받들었지요. 태양의 동생이거나 태양의 연인이라고 여기거나, 반대로 태양의 적이라고 하기도 했어요. 어떻든 간에 **태양과 달은 언제나 끈끈한 관계를 맺고 있었어요.**

로마인들은 달의 여신에게 '루나'라는 이름을, 그리스인들은 '셀레네'라는 이름을 지어 주었어요. 달의 여신은 쾌활함으로 빛나는 존재였고, 삶의 기쁨을 즐길 줄 알았어요. 그런데 나중에 다른 신이 달의 여신 자리를 가로챘어요! 신화에는 이런 경우가 종종 있답니다. 그리스 신화에서는 '아르테미스', 로마 신화에서는 '디아나'가 각각 등장했어요. 이번에는 사냥의 여신, 순수의 여신이라는 상징이 추가되었지요.

현재의 지구와 달

화성

그리스 신화: 아레스

로마 신화: 마르스

붉은 행성

　화성은 태양계 안쪽인 '내행성계'에서 마지막 바위투성이 행성이에요. 태양에서부터 네 번째에 위치하지요. **지하와 극지방에 물이 있다고는 해도, 지금의 화성은 차갑고 건조한 행성이에요.** 하지만 옛날에는 이런 모습이 아니었어요. 거대한 호수가 있었고, 강이 흘렀지요. 그런데 지구와는 달리 자기장이 사라져서, 태양풍이 화성의 대기와 물을 거의 다 날려 버렸답니다. 현재 화성은 먼지투성이인 데다가, 수천 년 동안 산화되어 붉은색을 띠고 있어요. 또한 화성에는 약 22킬로미터의 높이를 자랑하는 화산인 **올림포스몬스**가 있어요. 지구 최고봉인 에베레스트산보다 무려 세 배 정도 더 높아요!

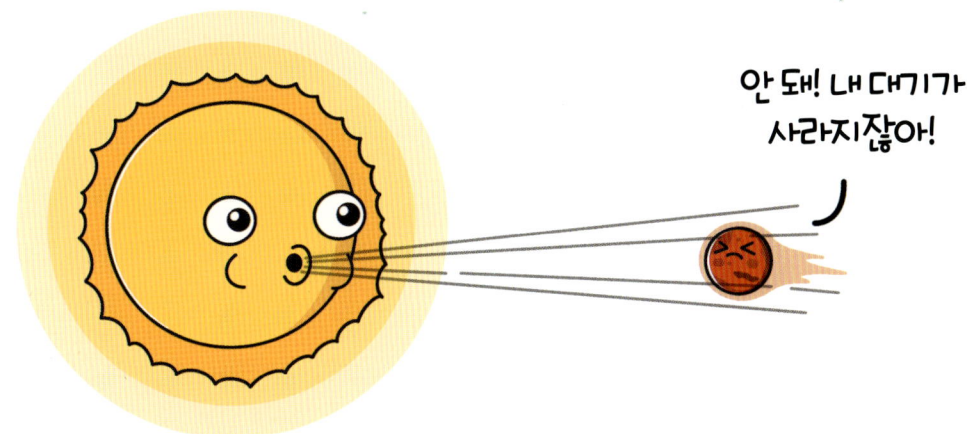

전쟁의 신

　화성은 하늘에서 주홍색으로 보여서 흔히 '**붉은 행성**'이라고 불러요. 붉은빛이 마치 피 색깔 같아서 로마인들이 '마르스'라 부르던 전쟁의 신에게서 행성의 이름을 따다 붙인 언어가 많아요. 영어 이름은 '마스Mars'이지요.

　그리스인들은 전쟁의 신을 '아레스'라고 불렀는데, 마르스와 아레스는 참 달랐어요. 그리스인들의 아레스는 잔인하고 악독한 전쟁의 신이었던 반면, 로마인들의 마르스는 정의로운 신이었어요. 달라도 너무 다르죠! 로마 신화에서 마르스는 로마를 세운 쌍둥이 형제 '로물루스'와 '레무스'의 아버지이기도 합니다.

화성의 위성

데이모스

포보스

조그만 위성들

화성 주위를 도는 조그만 감자 모양 위성이 두 개 있어요. 둘 중에는 '포보스'라는 이름의 위성이 더 커요. '데이모스'는 포보스의 절반 정도 크기이고요. 포보스가 화성에서 더 가까운데, 주변을 돌면서 **조금씩 화성과 가까워지고 있어요.** 그래서 먼 미래에는 **화성과 충돌해** 고리 모양 부스러기가 될 거예요! 불쌍해라!

반면, 동생 격인 데이모스는 화성에서 점점 멀어지고 있어요. 언젠가는 우주로 탈출하겠지요. 그러니까 미래에는 화성의 위성이 모두 사라질 거예요.

아레스의 아들

그리스 신화에서 아레스와 아프로디테의 쌍둥이 아들이 포보스와 데이모스예요. 그러니까 포보스와 데이모스는 그리스어에서 온 이름으로 포보스는 '공포', 데이모스는 '고통'을 의미해요. 형제가 함께 전쟁의 신인 아버지를 따라 전쟁터를 누비다 보니, 전장의 공포와 고통으로 알려진 거예요. 알고 보니 무시무시한 이름이네요!

소행성대

화성과 목성은 거리가 멀어요. 두 행성 사이 넓은 공간에 제각기 모양과 크기가 다른 별들 수천 개가 떠 있지요. 이 구역을 소행성대라고 해요.

소행성대에는 크기가 돌멩이만 한 소행성도 있고 산만 한 소행성도 있어요. 제일 큰 소행성은 작은 행성과도 견줄 정도로 커다랗지요. 아주 많은 소행성이 태양 주변에 거대한 고리 모양을 이루고 있어요. 하지만 소행성들이 빽빽하게 모여 있어서 서로 부딪칠 거라고 생각하면 오산이에요. 사실은 큰 소행성들마다 몇천 킬로미터씩 떨어져 있어서 부딪치는 일은 거의 없답니다.

소행성대의 기원은 태양계의 탄생으로 거슬러 가요. 소행성들이 행성으로 성장하려다가 실패한 미행성이라고 생각하는 사람도 있고, 태양계 저편에서 오랜 시간 쌓인 부스러기일 거라고 주장하는 사람들도 있어요. 탄생이야 어떻든 한 가지 확실한 점은, 소행성대가 수성, 금성, 지구, 화성까지의 내행성계 행성들과 그다음에 이어지는 거대한 가스 행성들 사이를 나누는 경계라는 거예요.

세레스

그리스 신화: 데메테르
로마 신화: 케레스

소행성대의 유일한 왜행성

'세레스'는 소행성대에서 제일 크고, 태양과도 제일 가까워요. 태양계에서 가장 어두운 편이라서 표면에 반짝이는 충돌구와 산이 유독 눈에 띄지요. 표면에 있는 하얀 점들은 세레스의 내부에서 나온 거대한 염분 덩어리예요. 하지만 조심해야 해요. **염분이라고 해도 우리가 먹는 소금이랑은 다르답니다!**

농업의 여신

세레스의 이름은 로마 신화의 '케레스'에서 왔어요. 그리스 신화에서는 '데메테르'라고 불러요. 데메테르에게는 사랑하는 딸 '페르세포네'가 있었어요. 그런데 저승의 신인 '하데스'가 조카 페르세포네를 납치해 가요. 데메테르는 사방으로 딸을 찾아 다녔어요. 들키지 않게 변장을 하고 다니며 딸 찾기에 도움을 주는 사람들에게 농사 기술을 알려 주었지요. 헤매는 데메테르를 보다 못해 신들의 왕 제우스가 나섰어요. 제우스는 하데스에게 페르세포네를 엄마 곁으로 돌려보내라고 명령했어요. 하지만 하데스는 교묘한 꾀를 내어 한 해에 여섯 달씩은 페르세포네가 자기 곁에 있도록 했어요. 너무 못됐죠?

데메테르는 딸인 페르세포네가 곁에 있는 봄과 여름에 행복을 느껴요. 그래서 이 계절에는 자연에도 다시금 생기가 넘치지요. 페르세포네가 떠나가는 가을과 겨울에는 데메테르가 슬픔에 휩싸여 대지도 생명력을 잃어요. 이야기보따리 신화 속에는 이렇게 **계절의 변화를 이야기하는 내용**도 있답니다.

대표 소행성들

'팔라스', '베스타', '주노'는 왜행성의 지위를 얻은 세레스를 제외하고, 19세기 초에 처음으로 발견된 소행성이에요. 셋 중에는 팔라스가 제일 커요. 베스타에는 거대한 충돌구가 있는데, 그 중심에는 태양계 최고봉인 23킬로미터 높이의 산이 있어요. 주노는 셋 중에 가장 작고 표면이 울퉁불퉁하지요.

지혜의 여신 팔라스 아테나

지혜의 여신 '아테나'는 어렸을 때 친구인 팔라스와 힘겨루기를 하며 놀곤 했어요. 어느 날 둘은 창던지기 놀이를 하고 있었어요. 한쪽이 창을 던지면 다른 한쪽은 창을 피하거나 방패로 막으면서 놀았지요. 그런데 아테나가 실수로 창을 너무 세게 던지고 말았어요. 결국 팔라스는 죽었고, 슬픔에 잠긴 아테나는 친구를 기리는 마음으로 자신의 이름 앞에 친구의 이름을 붙여 팔라스 아테나라는 이름을 썼다고 해요.

가정의 여신 베스타

　로마 신화에서 베스타는 가정의 여신, 더 정확하게는 가정에 온기와 생명을 불어넣는 난로의 여신이었어요. 차분하고 믿음직스러운 여신이었지요. 고대 로마에는 베스타 여신을 모시는 신전이 있었어요. 여성 사제 여섯 명과 함께 무녀들이 불씨를 지키면서 수도 로마의 풍요와 힘을 보여 주었어요.

신들의 여왕 유노

　소행성 주노의 이름은 고대 로마에서 '유노'라고 불린 여신의 이름을 딴 거예요. 고대 그리스에서는 '헤라'라고 불렀지요. 헤라는 제우스의 아내이자 신들의 여왕으로, 가장 강하고 두려운 여신이었어요. 제우스와 헤라의 결혼 생활은 그다지 행복하지 않았다고 해요. 남편이 종종 바람을 피워서 헤라가 골머리를 앓았거든요. 온화하다가도 질투가 나면 앙심을 품고 독해졌어요!

목성

그리스 신화: 제우스

로마 신화: 유피테르*

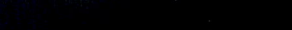
*목성의 영어 이름은 '주피터Jupiter'예요.

태양계에서 가장 큰 행성

소행성대를 지나 목성부터는 태양계의 바깥쪽에 해당하는 '외행성계'가 펼쳐져요. 그중 목성은 태양계 행성 가운데 가장 거대하지요.

목성 같은 거대 가스 행성에는 땅이 없어서 착륙할 수가 없어요. 바깥쪽은 기체, 안쪽은 액체이고, 더 깊숙이 들어가면 엄청나게 압축된 독특한 고체 상태랍니다. 목성 둘레에는 **고리 모양으로 구름**이 소용돌이치고 있고, 표면에는 한눈에 확 띄는 **커다란 빨간 점**이 자리하고 있어요. 대적반 또는 대적점이라고 하는 이 빨간 점은 지구보다 두 배 큰 폭풍 지대예요.

신들의 아버지

목성은 태양, 달, 금성 다음으로 밝은 행성이에요. 금성과는 달리 천천히 움직이지요. 옛날 사람들은 목성이 아주 멀리 있을 거라고 생각했어요. 그런데도 보이는 건 행성 중에서 가장 크거나 가장 밝아서라고 추측하기도 했답니다.

그래서 고대 로마인들은 크고 밝은 목성을 신들의 아버지, 올림포스의 왕이자 하늘을 다스리는 군주 '유피테르'라고 여겼지요. 앞서 등장한 제우스가 바로 유피테르의 그리스어 이름이에요. 제우스는 정의를 실현하는 지혜로운 신이었지만 바람기가 있었어요. 마법으로 변신을 하고 숱하게 바람피우는 탓에 아내인 헤라가 질투를 할 수밖에 없었던 거예요.

갈릴레이 위성

목성의 위성 중에서는 '이오', '유로파', '가니메데', '칼리스토'가 가장 커요. 1610년에 그 유명한 갈릴레오 갈릴레이가 발견해서 이 네 위성을 묶어 갈릴레이 위성이라고 불러요. 이 위성들의 발견은 역사상 처음으로 망원경을 사용해서 천체를 관측한 사건이기도 하답니다.

이오는 목성에서 가장 가까운 위성이에요. 쉴 새 없이 용암이 쏟아져 나오는 화산이 수백 개나 있어요. 호수에는 유황이 녹아 있고 불타는 강이 몇 킬로미터나 뻗어 있지요. 정말 멋질 것 같은데…… 가 보고 싶지 않나요?

목성에서 두 번째로 가까운 위성은 **유로파**예요. 유로파의 표면은 수십 킬로미터 두께의 얼음으로 덮여 있고 군데군데 갈라져 있어요. 지하에는 열기 때문에 얼음이 아닌 바다가 있다는 가설이 있는데요, 그게 사실이라면 생물이 살아갈 수 있을지도 몰라요.

가니메데는 세 번째로 목성에 가까운 갈릴레이 위성이에요. 목성의 위성 가운데 가장 클 뿐만 아니라, 태양계를 통틀어서도 가장 큰 위성이지요. 행성인 수성보다도 커요. 지하에는 커다란 바다가 있는데, 지구보다도 바닷물이 많아요.

칼리스토는 넷 중 제일 멀리 있는 위성이에요. 아주 오래된 표면은 온통 충돌구로 뒤덮여 있어요. 칼리스토의 지하에도 바다가 존재할 가능성이 있어요.

제우스의 연인들

갈릴레이 위성의 이름은 제우스가 바람피운 상대의 이름을 따서 지은 거예요. 로마에서는 유피테르라고 부른, 바로 그 신들의 왕 말이에요.

님프 이오는 제우스의 아내인 헤라를 모시는 사제였어요. 제우스가 꿈속에서 이오를 유혹했는데, 이오는 이를 뿌리치지 않았지요. 그런데 헤라가 이 사실을 알아 버렸어요. 제우스는 이오를 숨기려고 하얀 암소로 둔갑시켰어요. 소로 변해 버린 불쌍한 이오는 고생을 꽤 했지만 결국에는 원래의 모습으로 돌아온답니다.

유로파라는 위성 이름의 주인공 '에우로페'도 제우스에게 넘어갔어요. 제우스는 에우로페의 관심을 끌려고 흰 소로 변신해서 접근했어요. 에우로페는 소가 참 온순하다며 등에 올라탔지요. 이때다 싶었던 제우스는 에우로페를 멀리 크레타 섬까지 데려갔어요. 그곳에서 둘의 사랑이 시작되었지요.

가니메데는 미소년 왕자님이었어요. 가니메데에게 반한 제우스는 독수리로 변신해 가니메데를 납치해서 신들이 사는 올림포스로 데려왔어요. 그러고는 신들에게 음식과 술을 내오는 중요한 일을 맡겼지요.

칼리스토는 아르테미스 여신을 모시는 사냥꾼이었어요. 제우스와 만났다는 걸 헤라에게 들켜서, 곰으로 변하는 벌을 받지요. 나중에는 큰곰자리 별이 되어 영원히 하늘에서 살게 되었어요.

토성

그리스 신화: **크로노스**

로마 신화: **사투르누스***

*토성의 영어 이름은 '새턴Saturn'이에요.

고리 행성

토성도 목성처럼 거대 가스 행성이에요. 만약에 아주 큰 그릇에 물을 담고 토성을 넣을 수만 있다면 토성은 물에 둥둥 뜨겠지요. 토성의 북극은 독특해요. 대기의 바람으로 이루어진 육각형 구름이 있거든요.

토성에서 가장 눈에 띄는 부분은 역시 거대한 고리예요. 태양계의 모든 가스 행성에 고리가 있기는 해도, 오직 토성의 고리만이 지구에서도 잘 보일 정도로 선명하답니다. 토성의 고리는 아주 작은 먼지부터 몇 미터짜리 커다란 바위까지 다양한 크기의 입자들과 얼음으로 형성된 거예요. 그야말로 장관이지요!

여기가 북극의 육각형 구름

시간의 신

고대 사람들에게 토성은 가장 보기 힘들고, 가장 느리게 움직이는 행성이었어요. 다른 행성들 위를 노인처럼 느릿느릿 넘어 다니는 것처럼 보였지요. 그래서 고대 문명에서는 토성을 시간의 신 또는 달력의 신에 비유했어요.

고대 그리스에서 시간의 신은 티탄족인 '크로노스'였어요. 고대 로마에서는 농경의 신이자 풍요의 신이기도 한 '사투르누스'라고 불렸고요. 유피테르, 즉 제우스의 아버지랍니다. 크로노스는 자기 자식들이 커서 자신을 몰아내고 왕의 자리를 차지할까 봐 두려워서 여러 자식을 집어삼키기까지 했어요. 하지만 제우스는 무사히 탈출했고, 마법의 약을 써서 형제들을 구해내요. 그리고 아버지 크로노스를 포함한 티탄족과 전쟁을 벌였지요. 10년 동안 전쟁한 끝에 승리를 거머쥔 제우스는 영혼이 심판받는 심연의 사후 세계 '타르타로스'에 아버지 크로노스와 티탄족들을 가두었어요.

토성의 위성

타이탄

토성의 가장 큰 위성

'타이탄'은 토성의 제일 큰 위성이에요. 유일하게 짙은 대기가 있어요. 호수, 강도 있고 비도 오지요. 그런데 **물이 흐르는 게 아니라** 메테인, 에테인이 흘러요. 지구에서 메테인과 에테인은 보통 기체인데 흐른다고 하니 이상하네요.

신기한 점이 또 있어요. 타이탄에는 거대한 모래 언덕이 있는데, 모래보다는 플라스틱 성분에 가까워요. 만약 타이탄에 갈 수 있다면 주황색 하늘, 얼어 있는 구름, 어디를 가나 짙은 안개를 볼 수 있을 거예요. 너무너무 기이한 광경이지요.

여기 타이탄은 어찌나 추운지 기체가 액체로 변할 정도야. 물은 얼음 바위처럼 꽁꽁 얼어 있어!

하늘과 대지의 자식들

타이탄의 이름이 된 티탄은 그리스 신화에 나오는 신의 종족이에요. 남자는 티탄, 여자는 티타니데라고 불렀지요. 최초의 티탄인 하늘의 신 '우라노스'와 대지의 여신 가이아의 자식들이 이룬 일족이랍니다.

티탄은 올림포스 12신들 이전에 세상을 지배한 거대하고 강력한 존재였어요. 제우스가 아버지인 크로노스를 물리치고 많은 티탄족을 타르타로스에 가두기 전까지 말이에요. 타르타로스는 하데스 신이 지배하는, 지하 세계에서도 가장 깊은 어딘가에 있는 무시무시한 곳이지요.

더 많은 토성의 위성들

'레아', '디오네', '테티스', '이아페투스'가 타이탄 다음으로 큰 토성의 위성들이에요. 죄다 충돌구로 덮여 있고 바위와 얼음으로 되어 있어서 비슷비슷하게 생겼답니다. 생김새가 가장 다른 위성은 이아페투스예요. 한쪽 면이 우주 먼지로 덮여 있어서 다른 면에 비해 열 배나 어둡거든요. 이 네 위성에 이름을 준 신들을 알아볼까요?

신들의 어머니 레아

레아는 제우스를 비롯한 올림포스 주요 신들의 어머니였어요. 자기 남편인 크로노스가 자식들을 먹어 버린다는 것을 알자, 불행을 막기 위해 꾀를 냈지요. 아기 대신에 돌을 포대기에 싸서 남편에게 건네준 거예요. 이렇게 하기 제우스를 구해 내서 크레타섬에 있는 동굴에 숨겼어요.

디오네

테티스

레아

바다의 여신 테티스

티탄족 여신인 테티스는 강의 님프인 '오케아니데스'들의 어머니예요.

신의 여왕 디오네

어떤 이야기에서는 디오네가 사실 레아 여신이라고도 해요. 그리스에서는 아프로디테, 로마에서는 베누스라고 부르는 아름다운 여신의 어머니라는 이야기도 있고요.

이아페투스

이아페토스가 인류의 조상?

이아페투스 위성의 이름이 된 티탄 '이아페토스'는 그리스 신화에서 목소리와 생각의 신이었어요. 이아페토스의 자식인 '프로메테우스'와 '에피메테우스'가 인간과 동물을 창조했다는 신화 내용으로 따지자면, 이아페토스가 인류의 조상인 셈이네요.

충돌구투성이

'미마스'는 토성의 얼음 위성이에요. 현재 관측된 위성 가운데 토성과 가장 가깝고 가장 작아요. 미마스에는 충돌구가 엄청 많아요. 표면이 아주 오래되었다는 뜻이지요. 온통 충돌구라서 소행성이 부딪치면 원래 있던 충돌구 안쪽에 새로운 흔적이 또 생길 뿐이에요. 제일 큰 충돌구에는 **허셜 충돌구**라는 이름도 있어요. 이 충돌구가 만들어질 때는 너무 충격이 심해서 미마스가 통째로 박살 날 뻔했어요.

우주 너머로 발사

눈처럼 새하얀 '엔셀라두스'는 토성의 위성 중에서 가장 차가워요. 비록 겉은 얼어 있지만 지하에서는 열기가 나오고, 바다도 있지요. 특히 남반구에 백 개도 넘는 간헐천에서 물이 뿜어져 나와요. 물이 저 높이 우주까지 발사되었다가 눈이 되어서 다시 떨어지기도 하고, 우주에 남아 토성의 고리가 되기도 해요! 엔셀라두스는 태양계에서 가장 흥미로운 별로도 꼽혀요. 생명에 꼭 필요한 물과 열기를 품고 있으니까요.

강력한 기간테스

미마스와 엔셀라두스는 티탄이 아니라 거인족인 '기간테스'예요. 티탄족과 가까운 관계이긴 해도 엄연히 달라요. 기간테스는 제우스와 싸우기 위해 낳은 가이아의 자식이에요. 가이아는 손자인 제우스가 전쟁 끝에 자기 자식인 티탄들을 타르타로스에 가두자 앙심을 품었어요. 그래서 기간테스를 제우스와 맞서 싸우게 했지요. 신들이 기간테스를 쓰러뜨리려면 인간과 힘을 합쳐야 했어요. 그래서 올림포스의 신들과 '헤라클레스' 같은 여러 인간이 힘을 합쳐 기간테스를 무찔렀답니다.

미마스는 불의 신이자 대장장이 신인 '헤파이스토스'가 용광로를 던져서 제압했어요. 전쟁터에서 도망치던 엔셀라두스는 아테나가 시칠리아섬으로 깔아뭉개 버렸고요!

천왕성

그리스 신화: 우라노스

로마 신화: 카일루스

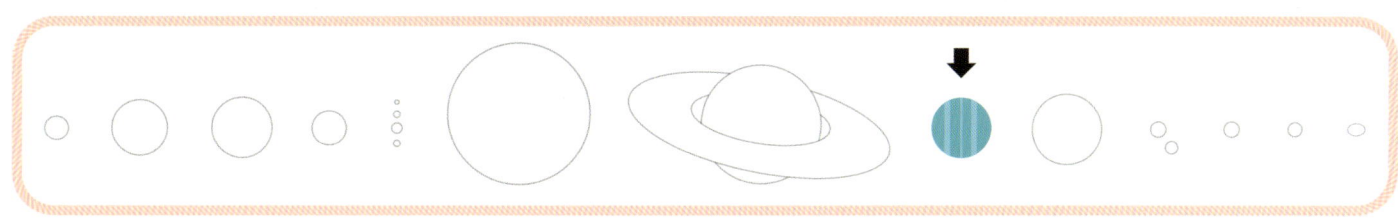

누워 있는 행성

천왕성도 거대 가스 행성이에요. 그런데 대기에서 얼음의 비중이 더 커요. 천왕성의 대기는 태양계에서 가장 춥거든요. 그래서 거대한 얼음 덩어리라고 생각하는 사람들도 있어요. 다른 가스 행성과 마찬가지로 천왕성에는 단단한 표면이 없어요. 하지만 내부에는 얼음과 암석이 있다고 해요. 왜인지는 모르겠지만 특이하게도 **천왕성은 누워서 자전하고 있어요!**

고대 천문학자들은 천왕성을 다른 별들과 구별하기 어려워했어요. 하늘에서 어슴푸레 보일 때도 있었지만, 행성인지 알 수 없었지요. 1781년 3월 13일, 윌리엄 허셜이 거대한 망원경으로 천왕성을 보고 나서야 비로소 행성의 지위에 올랐어요.

하늘의 화신

화성에 마르스의 이름을 붙이고 그다음에 오는 목성에 아버지 유피테르의 이름을 붙였듯이, 토성에 사투르누스(크로노스)의 이름을 붙였으면, 또 그다음에 오는 천왕성에는 우라노스의 이름이 오는 순서가 당연해 보이네요. 최고 조상님이니까요.

우라노스는 하늘의 화신으로 여겨지던 초기의 티탄이었어요. 또한 가이아의 남편으로, 그리스 신들 대부분의 조상이에요. 우라노스에게는 자식들이 태어나면 가둬 두는 못된 습관이 있었어요. 이 일로 분노한 가이아는 남편에게서 벗어나려고 했지요. 결국 아들인 크로노스가 어머니를 도와 아버지를 몰아내고 새로운 지배자가 되었어요. 토성 이야기에 나왔듯이, 나중에는 그 자리를 제우스가 차지하고요.

천왕성의 거대 위성들

'티타니아'와 '오베론'은 천왕성의 가장 큰 위성이에요. 온통 충돌구로 덮여 있고 그 안쪽에는 암석인 핵과 얼음층이 있다고 알려져 있어요.

둘 중에는 티타니아가 더 커요. 표면은 쩍쩍 갈라져 있고, 처음 형성될 때 생긴 깊은 구덩이가 많아요.

오베론은 티타니아와 비슷한데 더 어둡고 더 오래된 위성이에요. 표면은 마찬가지로 충돌구로 가득하고, 안쪽은 별다른 활동이 없는 것 같아요.

윌리엄 셰익스피어

티타니아

알렉산더 포프

작품 속 이름

천왕성의 위성에 이름을 붙이면서 신화의 등장인물을 따라 별의 이름을 짓던 전통이 깨졌어요. 이 두 위성의 이름은 유명한 영국 작가 윌리엄 셰익스피어와 알렉산더 포프 두 사람의 **작품에 나오는 인물의 이름에서 왔답니다.**

티타니아는 요정계의 여왕, 오베론은 남편인 왕이에요. 사랑과 오해를 다룬 셰익스피어의 흥미진진한 희곡 〈한여름 밤의 꿈〉에 나오는 주인공이지요. 부부는 다투기도 하지만 다행히 행복한 결말을 맞아요.

위성

오베론

같은 곳에서 탄생한 위성들

천왕성의 또 다른 위성 '아리엘', '움브리엘', '미란다'는 티타니아나 오베론과 닮았어요. 그런데 크기는 더 작고, 천왕성과는 더 가깝지요. 밝기는 다섯 위성 가운데 움브리엘이 가장 어둡고, 아리엘이 가장 밝아요. 크기가 가장 작은 위성인 미란다에는 **베로나 절벽**이 있어요. 깊이가 무려 20킬로미터예요!

이 위성들은 모두 천왕성 주변에 떠다니는 같은 물질로 만들어져서 생김새가 닮았답니다.

마법사와 요정들

미란다는 셰익스피어의 작품 〈템페스트〉에 나오는 마법사이자 밀라노의 공작인 '프로스페로'의 딸이에요. 이런저런 일로 미란다는 아버지와 외딴섬에 살게 되지요. 거기서 나무에 갇힌 장난꾸러기 요정 아리엘을 구해 주는데, 그 뒤로 아리엘은 프로스페로의 명령을 따라요.

요정 아리엘은 알렉산더 포프의 작품 〈머리타래의 강탈〉에도 등장해요. 이 작품에는 남의 불행을 즐기는 요정인 움브리엘도 등장하지요. 아리엘이 반짝반짝 빛이라면 움브리엘은 음침한 어둠이라고 할 수 있어요.

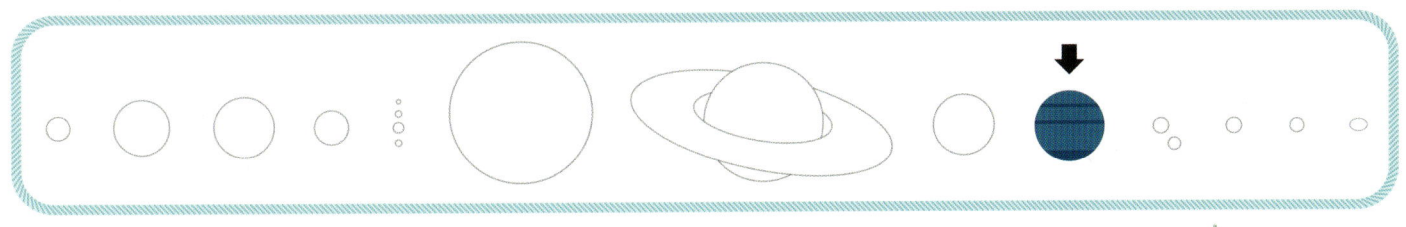

바람의 행성

해왕성은 태양계에서 가장 멀리 있는 행성이에요. 천왕성과 마찬가지로 얼음 행성인데 기후는 훨씬 유동적이어서, 시속 2,400킬로미터로 **태양계에서 제일 거센 바람이 불어요**. 천왕성과 해왕성은 둘 다 파란색인데 해왕성의 색이 더 짙어요. 왜 그런지는 아무도 모른답니다. 이렇게 아름다운 푸른색을 내는 물질이 있나 봐요.

바다의 신

해왕성은 수학으로 발견한 최초의 행성이에요. 직접 관측하기 전에 어디에 있는지 **수학적으로 위치를 먼저 예측**했답니다. 위르뱅 르베리에가 위치를 계산한 덕에 1846년 9월 23일, 마침내 해왕성을 발견했지요. 오호! 정말로 있었어요!

해왕성의 영어 이름은 '넵튠Neptune'으로, 이름을 준 '넵투누스'는 바다의 신이에요. 그리스 신화에서는 '포세이돈'이라고 부르지요. 아버지인 크로노스가 태어나자마자 포세이돈을 삼켜 버렸지만 제우스 덕에 목숨을 건져요. 그리고 신들은 크로노스와 티탄들에 맞서 싸워요. 전쟁이 끝나자 세상은 세 갈래로 나뉘었어요. 제우스가 하늘과 땅을 맡았고, 하데스는 지하 세계, 포세이돈은 바다를 맡았어요. 바닷속 깊은 곳에 포세이돈의 왕국이 세워졌지요.

해왕성의 위성

트리톤

프로테우스

얼어 있는 위성

'트리톤'은 해왕성에서 가장 큰 위성인데 조금 독특해요. 두 번째로 큰 '프로테우스'에 비해 일곱 배나 더 크고, **해왕성의 나머지 위성들과 반대 방향으로 돌고 있어요**. 태양계의 다른 곳에서 만들어졌다가 나중에 해왕성에게 붙들린 것이거든요. 트리톤은 가스와 먼지를 하늘 끝까지 내뿜어요. 풍경은 온통 얼음이고, 어찌나 추운지 화산에서 얼음이 나와요. 용암을 내뿜는 게 아니라 액체를 얼려서 내뿜지요.

한편 프로테우스는 트리톤만큼 이목을 끌지는 못해도, 태양계에서 가장 거대한 불규칙 형태의 위성으로 알려져 있어요. <u>구형</u>이 아닌 불규칙한 모양이라니 특이하지요?

얼음이 나와!

바다의 신들

트리톤은 포세이돈과 바다의 정령 '암피트리테'의 아들이에요. 아버지처럼 바다의 신으로서 바다 깊은 곳을 다스렸고, 고둥으로 만든 나팔을 불어서 파도를 잠재울 수 있었어요.

프로테우스도 포세이돈의 아들이에요. 역시 바다의 신이었는데 모습을 자유자재로 바꿀 수 있었어요. 게다가 미래를 예언하는 능력도 있었는데, 예언을 들으려면 변신술로 이리저리 도망 다니는 프로테우스를 붙잡아야만 했어요. 참 골치 아픈 초능력이네요!

핼리 혜성

처음 알게 된 혜성

혜성은 태양계의 소천체로, 태양 주변을 도는 별이에요. 대부분 태양에서 아주 멀어졌다가 가까워졌다가 해요. 행성과는 다르게 태양열을 충분히 받으면 핵에서 기체를 방출하지요. 태양과 가까워질 때는 먼지와 가스가 태양풍과 만나 하나 혹은 그 이상의 꼬리가 생겨요.

혜성은 공전 주기에 따라 두 종류로 나뉘어요. 단주기 혜성은 태양 주위를 도는 데에 200년이 안 걸리는데, 장주기 혜성은 수천 년, 수백만 년이 걸리기도 해요. 아주 멀리까지 가거든요. 그야말로 우주 탐험가이지요! 옛날에는 혜성이 한 번 지나가면 다시는 돌아오지 않는다고 생각했어요. 그러다가 핼리 혜성을 보고 혜성이 일정한 주기에 따라 태양계로 돌아온다는 사실을 처음 알았답니다. 그래서 제일 유명한 혜성이 되었지요.

천문학자 핼리

1705년, 영국 천문학자 에드먼드 핼리는 과거에 관측해 기록에 남아 있던 여러 혜성이 사실은 계속해서 돌아오는 같은 혜성이라는 사실을 알아차렸어요. 역사상 처음으로 주기 혜성을 발견한 거예요! 그래서 그의 이름을 따라 핼리라는 이름을 붙였답니다.

그 뒤로 핼리 혜성은 2,000년 전에도 관측되었다는 것이 알려졌어요. 궤도를 돌면서 멀게는 해왕성까지 간다는 사실도요. 약 75년마다 태양에 가까워지니까 단주기 혜성이네요.

카이퍼 벨트

이제 우리는 카이퍼 벨트라는 신비로운 영역으로 진입합니다. 두근두근하네요! 카이퍼 벨트는 해왕성 궤도 바깥의 광대한 지역이에요. 태양부터 해왕성 사이 거리 정도, 심지어 그보다 더 넓을 수도 있어요. 혜성도 수백만 개, 태양계가 만들어질 때 생긴 거대한 잔해도 수십만 개 있어요. 그렇다고 우주 쓰레기는 아니에요!

너무 멀리 있는 곳이라서 **인류가 카이퍼 벨트에 대해 아는 건 아직까지 거의 없어요.** 그래도 최근에 왜행성과 위성을 몇 개 찾아냈어요. 더 많은 비밀이 앞으로도 계속 밝혀지겠지요.

명왕성

그리스 신화: 하데스

로마 신화: 플루톤

카론

명왕성은 왜행성

명왕성은 카이퍼 벨트에 있는 왜행성이에요. 태양계에서 가장 큰 빙하, **스푸트니크 평야**가 명왕성에 있어요. 이곳에는 기체가 얼어붙어서 치약처럼 말랑하게 뭉쳐 있고, 얼음산이 둥둥 떠다닌답니다. 트리톤처럼 얼음 화산도 있어서 용암이 아니라 얼음에 가까운 액체를 내뿜고 있어요. 참 지독한 환경이죠! 명왕성에는 위성이 다섯 개 있는데, '카론'이 제일 커요. 카론의 표면에는 많은 양의 물이 얼어붙어 있고, 북극에는 알 수 없는 어두운 반점이 있어요. 신비로운 부분이지요. 명왕성의 크기에 비하면 카론은 큰 위성이에요. 그래서 이 둘을 이중 행성이라고 보는 사람도 있어요. 행성과 위성의 관계와는 다르게, 서로가 서로의 주위를 돈다는 거예요.

지하 세계의 주민들

명왕성은 20세기 내내 아홉 번째 행성으로 여겨졌어요. 태양계에서 한자리를 차지한 만큼, '플루톤'이라는 중요한 신의 이름을 따왔지요. 플루톤은 로마 신화에서 사후 세계를 다스리는 신이었어요. 앞에서 여러 번 등장한 하데스가 바로 플루톤이에요. 티탄족과의 전쟁에서 이기고 나서 하데스가 지하 세계를 다스리게 되었다고 했지요? 타르타로스라는 제일 깊숙한, 죽은 자들의 세계에는 괴물들과 티탄족들이 갇혀 있고요. 어때요, 구경해 볼 용기가 생기나요?

이 하데스의 왕국으로 죽은 자를 데려가는 뱃사공이 바로 카론이에요. **스틱스**라는 망자의 강을 건너서 간답니다.

머나먼 왜행성

카이퍼 벨트에는 '에리스'라는 왜행성도 있어요. 명왕성과 크기는 비슷한데 약간 더 무거워요. 태양과의 거리가 어찌나 먼지 태양 한 바퀴를 돌려면 557년이나 걸려요. 마라톤이 따로 없네요! 에리스는 다른 행성들과 비교했을 때 궤도가 더 비스듬해요. 그래서 발견이 오래 걸렸지요. 에리스에는 '디스노미아'라는 위성이 있는데요, 밀도는 높은데 참 자그마해요. 에리스보다 60배 작답니다.

분쟁과 불화

에리스가 발견되자, 과학자들은 **명왕성을 행성으로 취급해서는 안 된다고 생각했어요**. 에리스와 명왕성은 태양 주위를 돌고 가까이에 소행성, 혜성, 얼음 위성 같은 게 있는 다른 행성들에 비해 훨씬 작거든요. 과학자들의 주장에 모두가 동의하지는 않았어요. 하루아침에 명왕성은 이제 행성이 아니라고 하니, 화를 내는 사람들도 많았지요. 명왕성이 너무 불쌍하잖아요!

이런 일로 인해 새로 발견한 왜행성에 불화의 여신 에리스의 이름이 붙은 거예요. 그리스 신화에서 에리스는 다른 신들을 부추겨 싸우도록 만들었거든요. 한번은 결혼식에서 '가장 아름다운 여신에게'라고 쓴 황금 사과를 던졌어요. 세 여신이 그 사과는 자기 거라며 화를 냈고, 결국 트로이 전쟁이 벌어져요. 디스노미아는 심술궂은 에리스의 딸이에요. 못된 사람들을 좋아하지요. 역시 콩 심은 데 콩 나는 법이네요.

마케마케

에리스 다음은 나

'마케마케'는 에리스 다음으로 발견한 왜행성이에요. 태양계 중심에서 그렇게 많이 떨어져 있지 않고, 태양 주위를 한 바퀴 도는 데에도 '겨우' 308년밖에 걸리지 않지요. 명왕성보다 살짝 작은데 춥기는 매한가지예요. 불그스레한 표면은 얼음 같은 기체로 덮여 있고요. 마케마케에는 **석탄처럼 시커먼 조그만 위성**이 적어도 하나 붙어 있어요.

부활절 토끼

이스터섬의 모아이 석상

창조의 신

이름이 정해지기 전에 왜행성 마케마케는 그냥 '부활절 토끼'라고 불렸어요. 부활절 주간에 발견했거든요. 정식 이름이 된 마케마케는 이스터섬의 라파누이 신화에 나오는 창조신이에요. 참고로 이스터섬도 부활절 때 발견해서 부활절이라는 뜻의 이스터라고 이름 붙인 거랍니다.

라파누이 신화에 따르면 마케마케가 세상을 창조할 때 외로워서 인간들을 만든 거래요. 나중에는 무인도였던 이스터섬으로 인간 몇 명을 데려가서 새로운 왕국을 세우게 했고요. 이렇게 이스터섬에 정착한 라파누이 사람들이 그 유명한 모아이 석상을 만들었다고 해요.

럭비공 행성

카이퍼 벨트에 있는 또 다른 왜행성 '하우메아'도 신기해요. **럭비공 모양이거든요!** 자전 속도가 어찌나 빠른지 좌우로 긴 모양으로 늘어났어요. 아마 다른 별과 충돌하는 바람에 그렇게 빨리 돌게 된 듯해요. 하우메아의 절반 정도 크기 물체였을 텐데, 그때의 충돌 과정에서 조각이 떨어져 나가면서 위성 '나마카'와 '히이아카'가 만들어졌어요.

출산의 여신

하우메아는 하와이 신화에 나오는 이름이에요. 이 왜행성을 발견한 곳이 바로 하와이랍니다. 출산의 여신 하우메아는 몸의 여기저기에서 여러 신들을 낳았어요. 그중 나마카는 바다의 여신이고 하우메아의 허벅지에서 태어났어요. 히이아카는 식물, 시, 춤의 여신이에요. 하우메아의 입에서 태어났지요.

다른 별에서 온 방문자

이 별은 수백만 년 동안 정처 없이 우주를 떠돌았어요. 그러던 어느 날, 태양계로 불쑥 들어왔지요. 우리가 아는 한 외계에서 온 첫 손님, '오우무아무아'의 이야기예요. 참 독특한 존재랍니다.

오우무아무아는 이미 떠나고 없어요. 먼 미래에는 깊은 우주 속 다른 별에도 들르겠지요. 즐거운 여행이 되길!

너흰 열심히 돌아라, 그럼 나는 이만!

최초의 탐험가

오우무아무아도 하우메아처럼 하와이에서 발견했어요. 오우무아무아는 하와이 전통 언어로 '멀리에서 온' 또는 '처음 우리에게 도달한 자'라는 뜻이래요. 천문학자들은 매년 다양한 별이 태양계 밖에서 우리를 찾아온다고 해요. 다만 너무 작아서 거의 알아볼 수 없을 뿐이지요. 미래에 이런 별들을 얼마든지 발견한다고 해도, 오우무아무아는 우리에게 언제나 첫 손님으로 남아 있을 거예요.

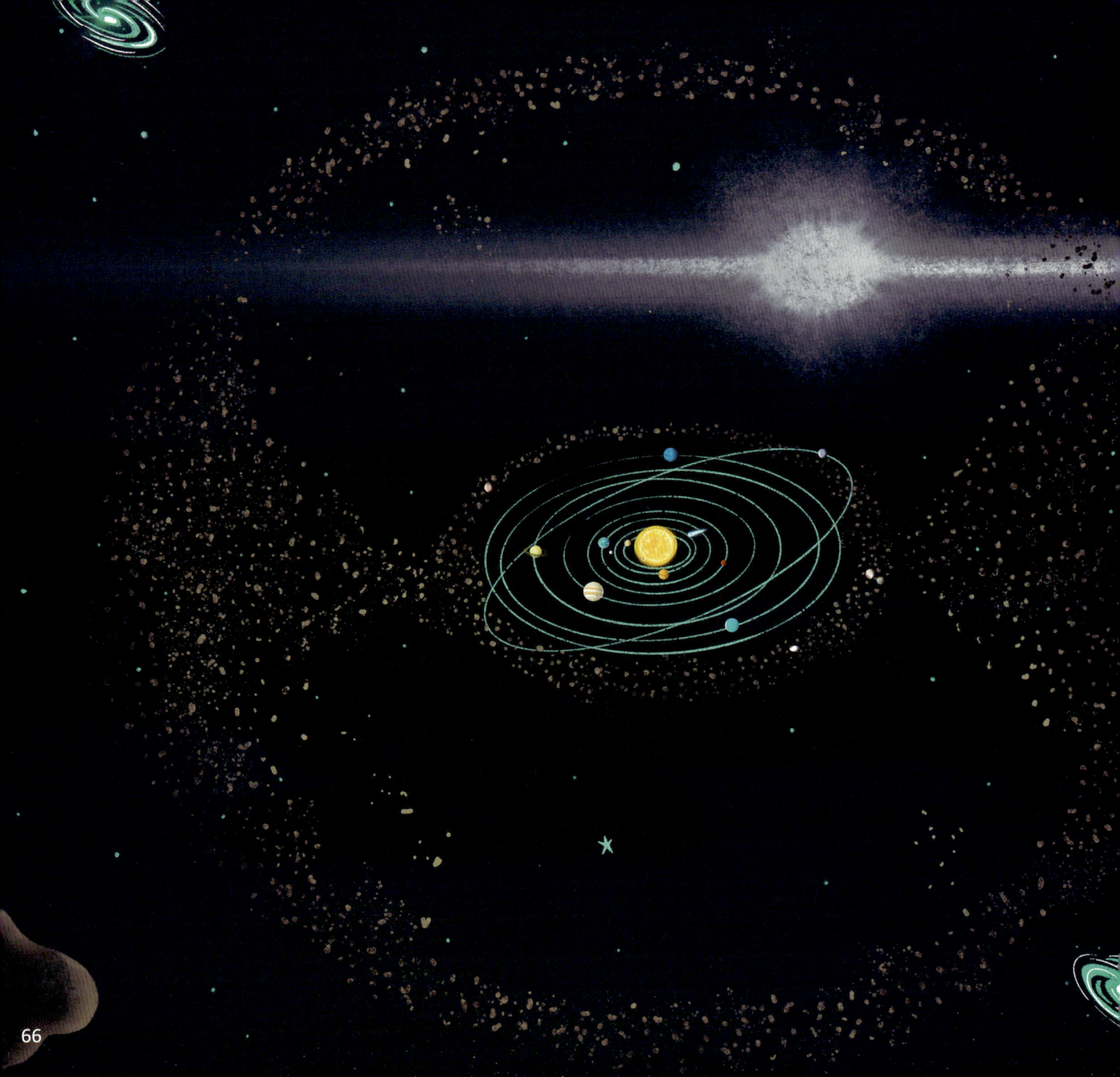

오르트 구름과 그 너머

우리, 태양계 중심에서부터 우주 깊은 곳까지 참 멀리도 여행했네요. 이제 낯선 미지의 경계까지 왔어요. 어찌나 멀리 있는지 태양 빛이 길을 밝혀 주지도 못하는 장소이지요. 그곳은 명왕성과 비슷한 별이 숨어 있는 세계예요. 심지어 아홉 번째 행성이 발견되기만을 기다리고 있다고도 해요. 물론 아직은 모를 일이지요.

확실한 건, 카이퍼 벨트는 갑자기 끝난다는 거예요. 더 이상은 바위도 얼음도 없는 것처럼 갑자기 뚝 끊겨요. 그 너머에는 산란원반이 있고, 또 그 너머에는 태양계 전체를 감싸는 둥근 구름이 있지요. 장주기 혜성이 거기서부터 태양을 한 바퀴 도는 데에 수천 년, 수백만 년씩 걸리는 거예요. 까마득히 먼 세상 이야기죠?

태양계를 둘러싼 그 구름을 오르트 구름이라고 해요. 어찌나 멀리 있는지 빛의 속도로 1년은 가야 통과할 수 있어요. 빛만큼 빠른 건 없는데도 말이에요!

오르트 구름 너머 공간에는 은하가 계속 펼쳐져요. 별들이 저마다 빛을 뿜고 있는 장소예요. 그걸 보면 우주에 흩뿌려진 별들이 얼마나 많을지 상상조차 할 수 없을 거예요. 앞으로 이름 붙일 별들, 새롭게 알게 될 별들도 많겠지요. 새로운 신화와 전설이 탄생할 거고요.

그렇게 별들을 하나하나 발견해 가는 일은 분명 무척 경이로울 거예요.

쏙쏙 퀴즈

십자말풀이 I

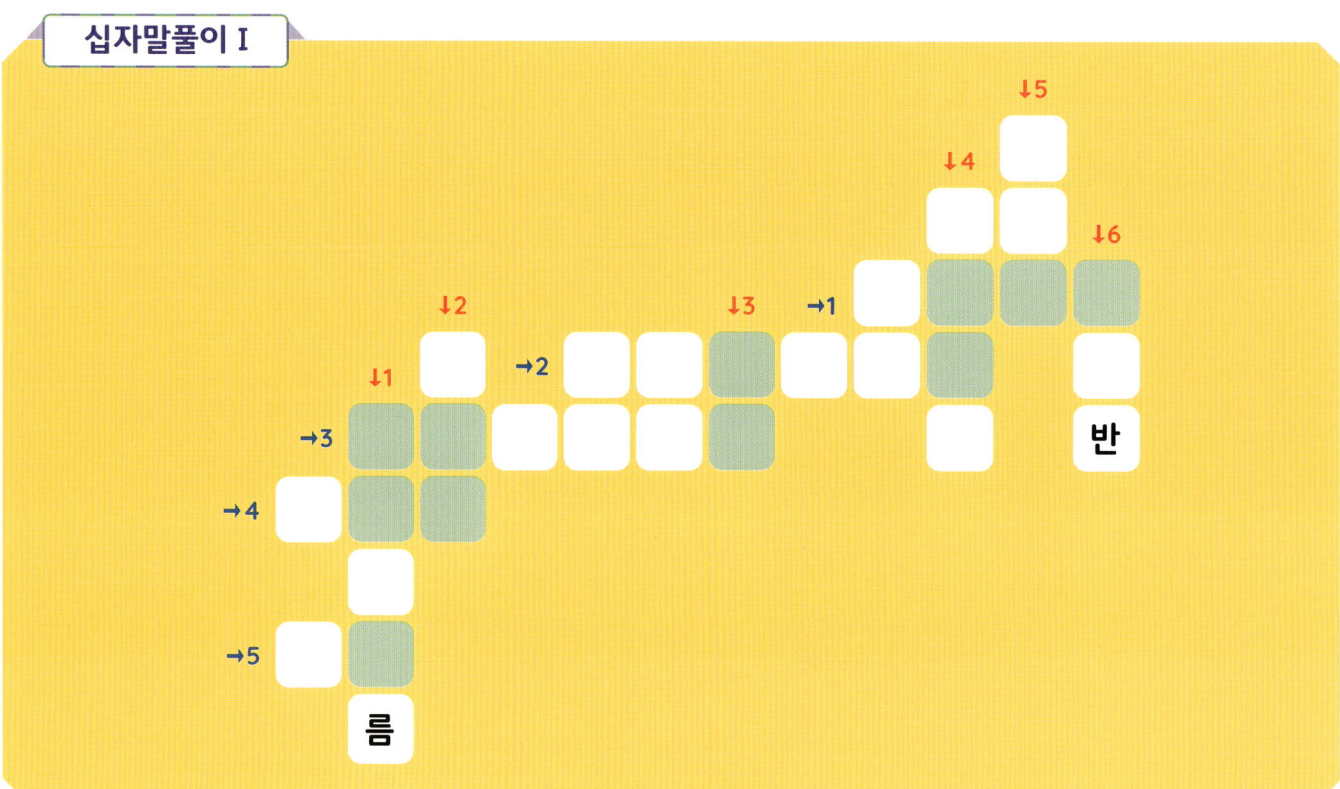

가로
→1 화성과 목성 사이에 별들 수천 개가 있는 공간.
→2 목성의 가장 큰 위성 네 개를 가리키는 말.
→3 외계를 떠돌다 태양계로 처음 들어온 별. 하와이 전통 언어로 '멀리서 온'이라는 뜻.
→4 화성의 이름이 된, 로마 신화 속 전쟁의 신을 가리키는 이름.
→5 공기와 흐르는 물이 있어 태양계에서 유일하게 생명이 사는 행성.

세로
↓1 카이퍼 벨트 너머 태양계를 둘러싼 구름.
↓2 목성이 상징하는 신들의 아버지, 올림포스의 왕인 '유피테르'의 그리스어 이름.
↓3 올림포스 주요 신들의 어머니이자 크로노스의 아내. 토성의 위성 중 하나의 이름.
↓4 내행성계와 소행성대 다음으로, 목성부터 시작되는 태양계의 바깥쪽에 해당하는 구역.
↓5 누워서 자전하는 태양계의 일곱 번째 행성.
↓6 목성의 표면에 빨간 점처럼 보이는 폭풍 지대.

십자말풀이 Ⅱ

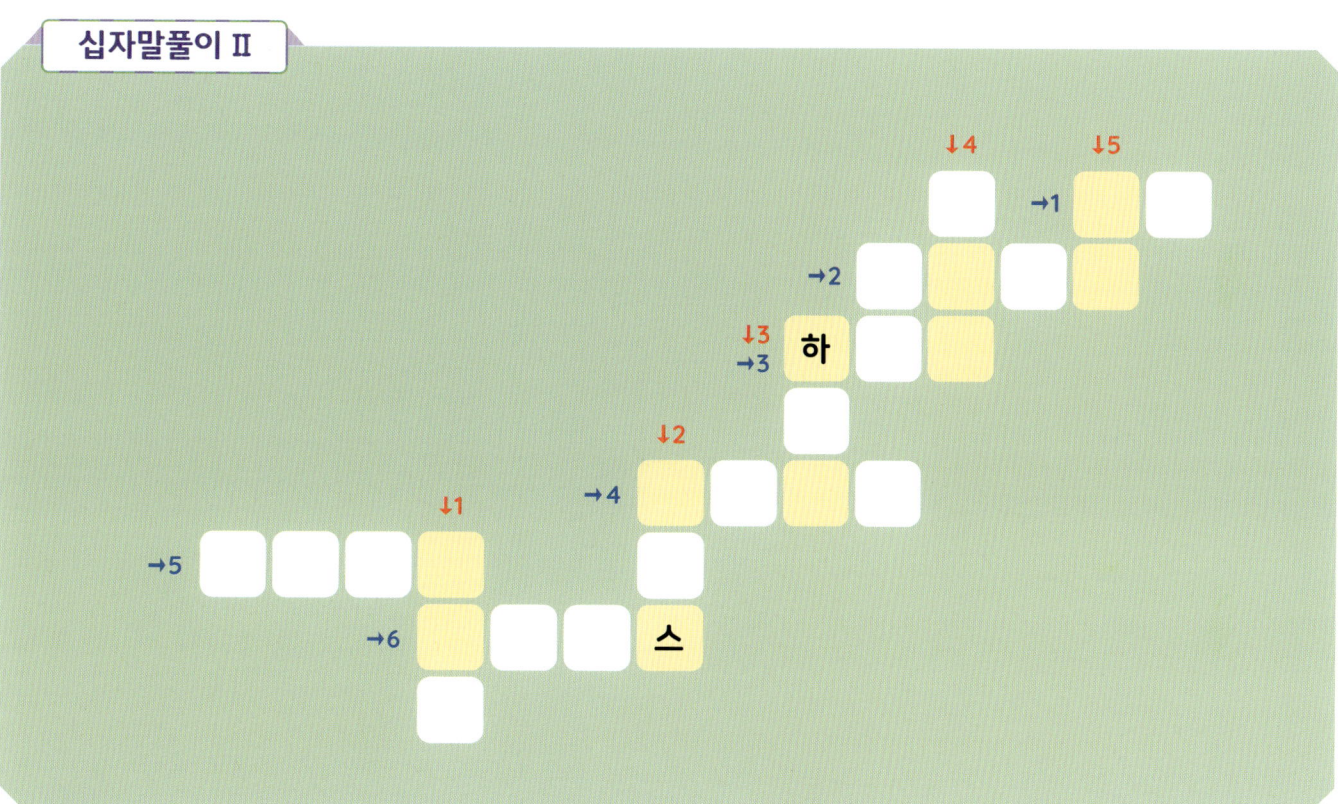

가로

→1 태양이 탄생한 분자 구름의 중심에 있는 기체.
→2 1705년 영국 천문학자 핼리가 주기 혜성임을 발견한 혜성의 이름.
→3 로마 신화의 '플루톤'에 해당하는, 사후 세계를 다스리는 신의 이름.
→4 해왕성의 상징이며 로마 신화의 '넵투누스'에 해당하는 바다의 신.
→5 갈릴레오 갈릴레이, 윌리엄 허셜, 에드먼드 핼리처럼 우주와 천체를 연구하는 사람.
→6 제우스와 싸우기 위해 낳은 가이아의 자식으로, 거인족을 가리키는 말.

세로

↓1 태양풍으로부터 지구를 보호하는, 눈에 보이지 않는 방패막.
↓2 화성과 점점 가까워지고 있는 위성의 이름.
↓3 럭비공을 닮은 왜행성 하우메아를 발견한 장소.
↓4 명왕성을 행성의 지위에서 끌어내린 계기가 된 왜행성의 이름.
↓5 태양계의 행성 가운데 가장 작고, 태양과의 거리가 가장 가까운 행성.

낱말 풀이

- **11쪽** **항성:** 상대 위치를 바꾸지 않고 별자리를 구성하는 별. 스스로 빛을 낸다.

- **15쪽** **자전:** 천체가 스스로 고정된 축을 중심으로 회전함. 또는 그런 운동.

- **15쪽** **공전:** 한 천체가 다른 천체의 둘레를 주기적으로 도는 일. 행성이 태양의 둘레를 도는 일 따위를 이른다.

- **17쪽** **자기장:** 자석의 주위, 전류의 주위, 지구의 표면 따위와 같이 자기의 작용이 미치는 공간.

- **21쪽** **산화:** 어떤 물질이 산소와 결합하거나 수소를 잃는 일.

- **25쪽** **미행성:** 태양계가 생겨날 때 존재했다고 여겨지는 작은 천체.

- **27쪽** **왜행성:** 행성과 마찬가지로 태양을 공전하는 궤도를 가지고, 구형을 유지하는 질량이 있으며 다른 행성의 위성이 아니나, 궤도 주변의 다른 천체를 배제하지는 못하는 천체. 명왕성, 세레스 등이 이에 속한다.

- **31쪽** **올림포스:** 그리스 신화에서 신들이 사는 산.

33쪽 **님프:** 정령. 산천초목이나 무생물 따위의 여러 가지 사물에 깃들어 있다는 혼령.

41쪽 **간헐천:** 일정한 간격을 두고 뜨거운 물이나 수증기를 뿜었다가 멎었다가 하는 온천.

51쪽 **구형:** 공같이 둥근 형태.

67쪽 **산란원반:** 태양계의 별주위원반으로 해왕성 바깥의 천체들이 있는 공간. 안쪽 경계가 카이퍼 벨트 지역과 겹친다.

쏙쏙 퀴즈 정답

십자말풀이 I

십자말풀이 II

옮긴이 최하늘

한국외국어대학교 통번역대학원 한서과에 재학하며 스페인어 통번역사로 활동하고 있다.
옮긴 책으로 《수프에 뭐가 들어간 거지?》, 《모더니타가 묻습니다: 평범이란 뭘까요?》가 있다.

신화로 배우는 재미있는 초등 과학 1

별과 우주

2024년 8월 20일 초판 1쇄 발행

글·그림 카를로스 파소스 | **옮김** 최하늘
편집인 이현은 | **편집** 이호정 | **마케팅** 이태훈 | **디자인** 허문희, 정용선 | **제작·물류** 최현철, 김진식, 김진현, 심재희

펴낸이 이길호 | **펴낸곳** 타임주니어 | **출판등록** 제2020-000187호
주소 서울시 강남구 봉은사로 442 75th Avenue 빌딩 7층
전화 02-590-6997 | **팩스** 02-395-0251 | **전자우편** timebooks@t-ime.com | **인스타그램** @time.junior_
ISBN 979-11-93794-86-9(74400)
　　　979-11-93794-85-2(세트)

- 타임주니어는 ㈜타임교육C&P의 단행본 출판 브랜드입니다.
- 책값은 뒤표지에 있습니다. 잘못 만들어진 책은 구입하신 곳에서 바꾸어 드립니다.

ASTROMITOS

© 2023, Carlos Pazos, for the text and the illustrations
© 2023, Penguin Random House Grupo Editorial, S.A.U.
Korean translation copyright © 2024 T-IME EDUCATION C&P
This Korean edition published by arrangement with Penguin Random House Grupo Editorial, S.A.U.
through LENA Agency, Seoul.
All rights reserved.

- 이 책의 한국어판 저작권은 레나 에이전시를 통한 저작권자와의 독점계약으로 ㈜타임교육C&P가 소유합니다.
- 신저작권법에 의하여 한국 내에서 보호받는 저작물이므로 무단전재 및 복제를 금합니다.

어린이제품 안전특별법에 의한 기타표시사항

제품명 양장 도서 | **제조자명** 타임교육C&P | **제조국명** 대한민국 | **제조년월** 2024년 08월 | **사용연령** 8세 이상